L'ARBITRAGE

ET LES

JURIDICTIONS SYNDICALES

PAR

Paul COULET

AVOCAT A LA COUR D'APPEL DE PARIS

« Plus de procès!
« Tout par l'arbitrage. »

Prix : 1 fr.

EN VENTE

AUX BUREAUX DU JOURNAL « LE BOIS »

11, RUE GODOT-DE-MAUROI

PARIS

L'ARBITRAGE

ET LES

JURIDICTIONS SYNDICALES

L'ARBITRAGE

ET LES

JURIDICTIONS SYNDICALES

PAR

Paul COULET

AVOCAT A LA COUR D'APPEL DE PARIS

« Plus de procès!
« Tout par l'arbitrage. »

Prix : 1 fr.

EN VENTE

AUX BUREAUX DU JOURNAL « LE BOIS »

11, RUE GODOT-DE-MAUROI

PARIS

L'ARBITRAGE

ET LES

JURIDICTIONS SYNDICALES

Celui qui, après avoir lu le titre de cet opuscule, se reportera à la signature de l'auteur, n'en pourra croire ses yeux?

Quoi? un avocat s'écrier : Plus de procès ! ce n'est pas possible !

Eh bien ! oui, c'est possible, et pour réaliser ce programme il ne dépend que de vous, messieurs les négociants, à l'intention desquels j'écris ces lignes !

Le temps n'est pas encore venu où la paix universelle règnera entre les individus et l'on peut dire que tant qu'il y aura des opérations commerciales il y aura choc d'intérêts, divergences de vues et conflit.

Qui dit conflit, dit naturellement qu'il faut un organisme appelé à trancher le conflit, à aplanir la difficulté, à trancher le débat.

La société, de tous temps et en tous pays, a organisé les juridictions ordinaires auxquelles les plaideurs sont amenés à s'adresser pour la solution de leurs différends.

Mais pourquoi donc l'idée de soustraire à ces juridictions ordinaires les différends entre commerçants est-elle venue à l'esprit?

Pourquoi chercher à innover, pourquoi ne pas suivre la routine séculaire et tenter de déserter les prétoires ordinaires de la justice officielle ? Pourquoi? Mais c'est bien simple, la cause en est à ces juridictions elles-mêmes, et aussi aux exigences du fisc !

Qu'un désaccord survienne entre deux négociants au sujet d une vente, d'un acte ordinaire de leur commerce, ils vont consulter l'homme de loi, avocat, avoué, huissier agréé, agent d'affaires, celui ci commence par leur demander de l'argent pour introduire le procès. Si le négociant demande à son conseil combien d'argent lui coûtera ce procès, et combien de temps il durera, le conseil, s'il est de bonne foi, lui répondra qu'il ne peut fixer ni le temps ni la somme d'argent nécessaire pour terminer le litige. Grave embarras pour le plaideur. Souvent la contestation est. quant à son chiffre, hors de proportion avec la dépense nécessaire, frais de procédure, honoraires de plaidoirie, enregistrement, etc , etc. Le négociant hésite alors à intenter le procès et son bon droit reste méconnu.

Si le négociant persiste, et suit son procès devant le tribunal civil ou le tribunal de commerce, il est obligé de dépenser beaucoup d'argent, et il n'est pas sûr d'être payé selon les règles et les usages de son commerce : car les juges n'ont pas l'omniscience, et pour peu que le débat soulève une question technique ou nécessite l'application des usages spéciaux d'une profession déterminée, ils sont obligés de renvoyer l'affaire devant « des arbitres ».

Les arbitres commencent par demander des honoraires et, après avoir entendu les parties ils indiquent un rapport écrit qui est déposé au greffe et qui va servir au tribunal à juger l'affaire. On peut affirmer que neuf fois sur dix le tribunal adopte les conclusions du rapport de l'arbitre.

Dans ces conditions est-il bien nécessaire de recourir au tribunal et ne vaut-il pas mieux recourir de suite à l'arbitrage.

Et c'est surtout dans le commerce des bois que l'arbitrage est susceptible de rendre de grands services et depuis plusieurs années, plusieurs syndicats ont préconisé la réforme des articles du Code de procédure relatifs à l'arbitrage.

En 1903, M. Paul Rodier, président du Syndicat des Mar-

chands de bois des Vosges, s'exprimait ainsi dans son discours à l'Assemblée générale :

Il est une autre question, du domaine du législateur, qui
intéresse le commerce des bois, c'est la question de l'arbitrage. Vous savez que l'article 1006 du Code de procédure
civile exige, à peine de nullité, que, d'une part, le nom
des arbitres et, d'autre part, l'objet du litige soient insérés
dans la convention des parties, qui sont d'accord pour soumettre les contestations éventuelles, résultant de l'exécution de leurs marchés, à des arbitres. Si la première condition, la désignation des arbitres, est facile, la seconde,
la désignation de l'objet du litige, est impraticable, car, si
les parties peuvent prévoir un désaccord dans l'exécution
d'un marché, elles ne peuvent déterminer à l'avance sur
quel point précis portera ce désaccord.

Aujourd'hui, ce n'est donc qu'après la naissance de la
contestation, que la convention d'arbitrage est possible.
Mais à ce moment, il est, la plupart du temps, trop tard :
les esprits sont aigris, on a consulté avoués et avocats et
on est lancé dans le maquis de la procédure. Généralement,
les tribunaux finissent par renvoyer les parties devant des
arbitres. Ne serait-il pas plus simple, plus rapide et plus
économique de commencer par là et de s'entendre, sans
avoir recours aux hommes de loi ! Mais, pour aboutir à ce
résultat, il est indispensable que les parties puissent valablement s'engager à l'arbitrage au moment même où elles
contractent le marché, et, pour s'engager valablement, il
est nécessaire de modifier l'article 1006 du Code de procédure civile, et de supprimer la condition qui exige la déter-
mination à l'avance de l'objet du litige Il suffirait de dire
que la convention d'arbitrage visera toute contestation,
quelle qu'elle soit, relative à l'exécution du marché.

Cette réforme rendrait les plus grands services au commerce des bois, car il n'existe peut-être pas d'industrie
où, par la force des choses et la nature de la marchandise,
les contestations soient plus fréquentes, tant au point de
vue de la qualité des bois qu'au point de vue de leur
mesurage.

Il y a deux ou trois ans, lors de la réunion à Paris du
Congrès du Commerce français, la question de l'arbitrage
et de la clause compromissoire a été examinée par le

onzième groupe du Congrès et un vœu favorable à l'arbitrage rendu plus facile a été voté.

Le *Moniteur des Syndicats patronaux* publiait en juillet 1903 le compte rendu de la séance du Bureau de la Fédération des syndicats patronaux et le rapport de M. Despagnat sur la question de l'arbitrage, ce rapporteur s'exprimait ainsi:

Rapport de M. Despagnat.

Messieurs,

Aussi loin que « l'on remonte dans les sociétés ou dans les législations, on trouve l'arbitrage. Cette juridiction a sans doute été la première et tout porte à croire qu'elle a précédé l'institution des tribunaux réguliers. Notre siècle semble vouloir la remettre en vogue.

« Tous les jours nous entendons parler de tentatives d'arbitrage pour le règlement des contestations entre patrons et ouvriers, de conflits ou de contestations entre grandes administrations et entrepreneurs soumis à des arbitres ou à des tribunaux arbitraux.

« Tout récemment de graves et importantes contestations entre diverses grandes Compagnies de chemins de fer et leurs entrepreneurs ont été solutionnées par l'arbitrage. D'autres affaires vont y être soumises. Il y a là un courant dont on ne saurait nier ni l'importance, ni l'étendue. Quel résultat en tireront les entrepreneurs, trouveront-ils dans cette juridiction plus de rapidité et plus de justice que dans les décisions des tribunaux? La question est trop récente pour que l'on puisse déjà se prononcer. »

L'introduction de l'arbitrage dans le commerce des bois ne date pas d'hier, et si nous regardons ce qui se passe dans les relations des exportateurs scandinaves avec les importateurs français de bois du Nord, nous verrons que l'arbitrage est employé couramment:

Voici ce que je publiai en 1903 dans le journal *Le Bois:*

I

Clause compromissoire, arbitrage.

Un grand nombre de formules de contrats de vente-achat de bois du Nord entre vendeurs scandinaves et acheteurs français contiennent la clause suivante:

En cas de difficultés sur l'exécution du présent contrat, les parties déclarent s'en référer à l'arbitrage de trois arbitres nommés: un par chaque partie et le troisième par les deux premiers.

Cette clause, qu'en droit français on appelle clause compromissoire, est reconnue valable et obligatoire dans presque tous les pays.

En France, cette clause est *nulle*.

Aux termes de l'article 1006 du Code de procédure civile, le *compromis* doit, à peine de nullité, indiquer le nom des arbitres et l'objet du litige.

Le *compromis*, c'est la convention par laquelle des parties conviennent de soumettre à des arbitres la solution d'un litige.

Or, obliger, à peine de nullité, les parties à indiquer le nom des arbitres et surtout *l'objet du litige* c'est rendre nulle la convention appelée compromis, car s'il est possible à la rigueur de désigner par avance le nom des arbitres, il n'est pas possible de savoir d'avance quelle sera la clause du contrat qui sera *l'objet* du litige.

Néanmoins cette clause compromissoire est ordinairement acceptée par les acheteurs français *lors de la conclusion du contrat*, ils signent, ils s'engagent à constituer des arbitres le cas échéant, le vendeur scandinave se croit donc en règle et en droit d'obliger au cas de difficulté son acheteur à constituer un arbitrage.

Mais il n'en est rien, l'acheteur peut, s'il est de mauvaise foi, se retrancher derrière l'article 1006 du Code de procédure civile et malgré sa signature dénier toute valeur à la clause compromissoire.

Cette situation demande une réforme.

Dans une récente conférence publique, j'ai parlé d'une proposition de loi soumise à la Chambre et tendant à rendre licite, valable, obligatoire la clause compromissoire insérée dans un contrat, même si elle ne contient pas le nom des arbitres et l'indication de l'objet du litige.

Mais avant que ce projet de loi soit voté, il y a selon moi une mesure à prendre :

Il y aurait lieu d'ajouter à la clause compromissoire une clause pénale, c'est-à-dire l'astreinte au paiement d'une somme d'argent importante pour le cas où malgré l'engagement pris de faire un arbitrage l'une des parties refuserait de s'y prêter et invoquerait l'article 1006.

Ainsi la clause des contrats pourrait être complétée de la façon suivante... Dans le cas où l'une des parties refuserait de nommer son arbitre et de passer les actes nécessaires à la constitution de l'arbitrage, elle devrait payer à l'autre une somme de... à titre de clause pénale.

La stipulation de cette clause pénale est valable car, selon le droit français, « toute obligation de faire » se résout en dommages-intérêts.

Ce que la loi actuelle (article 1006, Code de procédure civile) défend, ce n'est pas de s'engager à faire un arbitrage, c'est de conclure un compromis qui ne contient pas le nom des arbitres et l'objet du litige.

La question de l'arbitrage et de la clause compromissoire a été récemment l'objet d'une étude spéciale de la part d'une personnalité bien connue du commerce des bois du Nord, je veux dire M. Savare, président du tribunal de commerce de Caen et docteur en droit.

Ce rapport, je crois devoir le reproduire ici, n'ayant pu le faire dans le journal *Le Bois*, où la place m'était mesurée.

C'est à la conférence régionale des présidents de tribunaux de commerce du ressort de la Cour d'appel de Caen que ce rapport a été présenté par M. Savare.

Modification à l'article 1006 du Code de procédure civile relatif à la clause compromissoire. (Rapporteur M. Savare, président de *Caen*.)

Messieurs, on appelle *clause compromissoire* la clause par laquelle des contractants s'engagent à faire trancher par arbitres les difficultés auxquelles pourra donner lieu l'exécution de leur contrat.

Le *compromis* est la convention qui organise un tribunal arbitral en vue de la solution d'un litige déterminé.

La clause compromissoire et le compromis sont donc deux choses bien différentes.

La première est seulement la promesse de compromettre.

La clause compromissoire n'est pas chose nouvelle.

A Rome, elle était admise, pourvu que la relation juridique d'où devra naître la contestation fût clairement désignée. Il fallait dire, par exemple, qu'elle s'appliquait aux difficultés à naître de tel contrat déterminé.

Dans l'ancien droit français, elle était fréquente. Au moment de la Révolution, elle était très en faveur. On ne songeait à cette époque qu'à tout réformer dans l'ancienne société française. On avait été frappé de la lenteur et des frais d'une justice souvent trop formaliste, et on avait été séduit par la simplicité de tribunaux arbitraux choisis par les parties parmi les hommes les plus intègres et les plus désintéressés.

De là l'article 1er de la loi des 16 et 24 août 1790 :

« L'arbitrage étant le moyen le plus raisonnable de terminer les contestations entre les citoyens, les législatures ne pourront faire aucune disposition qui tendrait à diminuer soit la faveur, soit l'efficacité des compromis. »

Lorsque quelques années plus tard fut rédigé le Code de procédure civile, ce bel enthousiasme était tombé et l'on était revenu de l'arbitrage universel. On avait reconnu que les tribunaux réguliers ont du bon, qu'ils soient civils ou commerciaux ; et, tout en organisant l'arbitrage par les articles 1003 et suivants du Code de procédure, on y apporta certaines règles et certaines restrictions.

L'article 1006 décide notamment que :

« Le compromis désignera les objets en litige et les noms des arbitres, à peine de nullité. »

La question se pose très promptement de savoir si cet article s'applique non seulement au compromis lui-même ou convention qui organise l'arbitrage, mais aussi à la clause compromissoire, c'est-à-dire à la promesse de compromettre.

La question est grave. En effet, la clause compromissoire est stipulée au moment de la conclusion du contrat ; elle décide que, si une difficulté naît à l'occasion de l'exécution de ce contrat, cette difficulté sera jugée par arbitres. La difficulté n'existant pas encore à ce moment, il est donc impossible de désigner l'objet du litige. Et, par suite, si l'on décide que l'article 1006 s'applique à la clause compromissoire, celle-ci sera toujours nulle.

Pendant la première partie du xixe siècle, la jurisprudence, imprégnée sans doute des idées de la Révolution, refusa, en général, d'appliquer l'article 1006 à la clause compromissoire et la déclara valable. On trouve jusqu'en 1843 de nombreux arrêts en ce sens.

Vers 1845, la jurisprudence se modifia. L'opinion publique avait alors une opinion très haute de tous les rouages de la magistrature et on considérait avec défaveur tous ceux qui cherchaient à se soustraire à sa juridiction. La grande majorité des auteurs et des professeurs était d'ailleurs entrée dans la même voie.

Aussi, les arrêts contraires à la validité de la clause compromissoire se succédèrent. La Cour de cassation se prononça plusieurs fois. Depuis 1880, la question ne se plaide plus. La clause compromissoire est impitoyablement annulée comme incompatible avec l'article 1006 du Code de procédure.

Il n'est pas sans intérêt de résumer les arguments des deux systèmes.

Pour la nullité de la clause, on présente trois arguments principaux :

I. *Argument de principe.* — C'est un principe de droit que, dans tout contrat, l'objet de ce contrat doit être déterminé. Il n'y a pas de consentement valablement donné si on ne sait pas sur quoi il porte ; un consentement en blanc serait certainement nul. Or, dans la convention qui stipule qu'une contestation à naître sera jugée par arbitres, l'objet de la convention n'existe pas, puisqu'il n'y a pas encore de contestation. Pratiquement, on comprend très bien que celui qui acceptera de faire juger tel procès par arbitres, tiendra à confier tel autre procès aux tribunaux réguliers.

II. *Argument de texte.* — La justice ordinaire est le principe ; la justice arbitrale, l'exception. Cette dernière doit donc être rigoureusement maintenue dans les limites que lui a assignées le législateur. Celui-ci ne permet de renoncer à la juridiction ordinaire que dans les conditions de l'article 1006 du Code de procédure, c'est-à-dire si les arbitres sont désignés et l'objet du litige déterminé. Cet article ne distingue pas entre le compromis et la promesse de compromettre. Il faut donc décider que la promesse de compromettre n'est valable (à peine de nullité, dit l'article 1006) que si les arbitres y sont désignés, ainsi que l'objet du litige.

III. *Argument d'ordre public.* — La clause compromissoire est une sorte d'arbitrage forcé. En imposant aux parties une dérogation à l'ordre légal des juridictions, elle est contraire à l'ordre public. Il est, en effet, de la plus haute importance que rien ne puisse porter atteinte à l'autorité morale des tribunaux ordinaires.

La magistrature, à ses différents degrés, ne doit être ni suspectée ni éclipsée, ce qui aurait lieu si les arbitrages se multipliaient outre mesure et si la clause compromissoire devenait de style. C'est donc une question d'ordre public de maintenir l'arbitrage dans les limites étroites où l'a placé le législateur.

Pour la validité de la clause compromissoire, on répond :

I. — Il n'est pas exact de dire que l'objet du contrat n'est pas déterminé. Il consiste dans les contestations à naître de tel contrat ; cela est parfaitement précisé et la nature même des différends prévus est nettement circonscrite.

Aux termes de l'article 1126 du Code civil : « Tout contrat a pour objet une chose qu'une partie s'oblige à donner ou qu'une partie s'oblige à faire ou à ne pas faire. »

L'objet de la convention appelée *clause compromissoire*, c'est de soumettre à des arbitres les litiges à naître d'un contrat déterminé. L'objet est nettement spécifié et la convention parfaitement valable.

Les partisans du système contraire ont confondu l'objet de la convention, qui est déterminé, avec l'objet du procès qui ne l'est pas encore.

II. — L'argument de texte n'est pas applicable à la clause compromissoire, mais au seul compromis.

Le compromis, visé par les articles 1003 et suivants, est non seulement le contrat en lui-même, mais l'instrument, l'acte qui en constate l'existence et en détermine les conditions. Or, il est évident que l'acte qui organise un tribunal arbitral doit désigner les juges qui le composeront et spécifier, d'une façon précise, le différend que ceux-ci auront à juger. Mais pourquoi la promesse de compromettre devrait-elle, à peine de nullité, contenir ces indications? Il sera temps de les réclamer lorsqu'il sera question de réaliser cette promesse.

Et l'on ne peut pas dire que leur absence dans la clause compromissoire permet à la partie qui ne voudrait pas les donner de se soustraire à son obligation. Il en est de celle-ci comme de toute autre obligation de faire ; elle se résout en dommages-intérêts contre la partie qui refuse de l'exécuter.

D'ailleurs, l'article 1006 ne s'applique qu'au compromis et nullement à la promesse de compromettre. Or, en principe, toutes les conventions sont libres, dans les limites des principes généraux du droit posées par l'article 6 du Code civil, à moins d'un texte formel. Ce texte n'existe pas. Rien ne permet donc de porter atteinte grave à la liberté des conventions.

III. — On ne voit pas bien en quoi la restriction de l'arbitrage est d'ordre public. Il est ridicule de craindre que la juridiction arbitrale éclipse et remplace les tribunaux ordinaires. L'arbitrage n'est et ne peut être qu'une exception portant sur des procès spéciaux dont la procédure est bannie et dans lesquels les points en discussion ont un caractère technique.

Si réellement la justice officielle française était menacée de diminution par les tribunaux arbitraux, cela serait extrêmement regrettable, parce que cela montrerait qu'elle n'a plus la confiance des justiciables. Je n'ai pas besoin de dire à ceux qui ont l'honneur d'en faire partie que c'est une hypothèse inadmissible.

L'ordre public n'a donc rien à voir dans la question.

IV. — Le législateur a si peu considéré que la clause compromissoire est nulle qu'il l'a lui-même prévue en matière d'assurances maritimes et en matière de Sociétés.

L'article 332 du Code de commerce indique les clauses que doit contenir le contrat d'assurances maritimes et nous lisons au nombre de ces clauses au dix-septième alinéa :

« La soumission des parties à des arbitres, en cas de contestation, si elle a été convenue. » .

Dans l'ancien droit, comme aujourd'hui, il était d'usage de réserver à des arbitres la décision des difficultés sur les contrats d'assurances maritimes. C'est bien là une véritable clause compromissoire. L'article 332 prévoit qu'elle pourra être convenue et déclare que, dans ce cas, elle devra être insérée dans l'acte écrit constituant le contrat d'assurances. Et pourtant, il n'est question dans cet article ni de nommer à l'avance les arbitres, ni de déterminer l'objet du litige. Le législateur n'a donc jamais eu la pensée d'appliquer à la clause compromissoire l'article 1006 du Code de procédure.

Bien plus, les articles 51 et suivants du Code de commerce avaient imposé la clause compromissoire en cas de difficultés entre associés; c'était l'arbitrage forcé. Ces articles ont été modifiés par la loi des 17/23 juillet 1856, qui a supprimé l'arbitrage forcé. Il n'en reste pas moins que cette institution a fonctionné dans nos lois. Il n'est donc pas permis de dire qu'il est illégal de s'engager d'avance à faire juger certaines difficultés éventuelles par arbitres, puisque le législateur lui-même l'a prévu dans deux cas déterminés.

Il résulte de cet exposé, Messieurs, que les partisans de

la validité de la clause compromissoire invoquent des
arguments très sérieux. Aussi, est-il permis de penser que
la modification dans la jurisprudence est due beaucoup
plutôt à une modification dans les idées des magistrats
qu'à la force des arguments juridiques.

La magistrature n'a pas un instant admis l'idée que des
individualités sans compétence et sans mandat officiel pus-
sent lui être préférées. Ce fut la réaction du mouvement
contraire de 1790.

Là, comme en mille autres choses, la vérité pratique est
peut-être entre ces deux opinions extrêmes.

Certes, la magistrature française est une institution ad-
mirable dont, du haut en bas de la hiérarchie, la science et
l'impartialité sont hors de question. Son autorité s'impose
et, dans la plupart des cas, elle ne peut être remplacée d'aucune manière.

Mais il y a un ordre de différends que nous autres, commerçants et industriels, voyons de plus près et qui se rap-
portent à notre vie de tous les jours: exécution des marchés, transports maritimes, assurances maritimes, difficultés
entre associés, etc., etc. Ils sont plutôt de la compétence
de spécialistes; le Tribunal ne peut généralement les juger
sans l'intervention d'un rouage supplémentaire que nous
appelons expert ou arbitre.

C'est surtout aux choses commerciales que s'applique
l'adage anglais *Time is Money*. Aussi, bien des commerçants ont eu la pensée de s'adresser aux experts ou arbitres pour trancher leurs différends, sans aller devant le Tribunal. C'est simple, rapide et économique. Tout le monde
y gagne.

Et cet usage s'est étendu. On l'a écrit dans les contrats
commerciaux sous forme de clauses compromissoires et
dans chaque corporation, dans chaque syndicat, quelques
personnalités sont chargées de ce rôle honorable de régler
les difficultés. Elles ont la compétence, l'habitude de la
célérité et opèrent généralement gratuitement. Quel fou-
gueux admirateur de la magistrature française pourrait
critiquer de telles organisations ? Elles se généralisent,
Messieurs, et sans bruit, sans publicité tapageuse, rendent
les plus signalés services.

Mais, disent certains esprits chagrins, cela est illégal.

D'abord, le terme est impropre. De telles clauses compromissoires ne sont pas illégales. Ce qui est vrai, c'est qu'en l'état actuel de la jurisprudence on ne peut en poursuivre l'exécution par les voies légales. Si les parties ont exécuté l'obligation à tout le moins morale qu'elles ont contractée et constitué un arbitrage suivant les termes de l'article 1006 du Code de procédure civile, cet arbitrage est parfaitement régulier.

N'y a-t-il pas quelque chose de plus à faire ? Si vous ,pensez comme moi que la clause compromissoire peut rendre au commerce les plus grands services, limitée à un certain nombre de contrats spéciaux, vous regretterez la modification radicale qui s'est produite dans la jurisprudence, il y a quelque cinquante ans. Et en observant combien peu solides sont les arguments qui ont servi de pivot à ce revirement, vous vous demanderez si un nouveau changement ne serait pas possible.

Réclamer une modification dans la législation, c'est beaucoup demander. Tenter de ramener à une appréciation plus exacte des nécessités commerciales les Cours d'appel et la Cour de cassation, c'est peut-être possible. D'autant que les idées d'arbitrage sont partout à l'ordre du jour et que l'on cherche à introduire la clause compromissoire non seulement dans les relations juridiques, mais aussi dans les relations économiques et sociales, sans parler du rôle plus grand encore qui lui est réservé dans les relations entre les peuples.

Comme sanction à ce rapport la Conférence des Présidents des tribunaux de commerce a voté l'avis suivant :

« La Conférence est d'avis que la clause compromissoire, qui n'est autre chose qu'une promesse de compromettre et non le compromis prévu à l'article 1006 du Code de procédure civile, peut être légalement insérée dans une convention, et qu'il est utile, pour qu'elle soit efficace, d'y ajouter une clause pénale. »

Ces conclusions sont adoptées à la majorité.

JURIDICTIONS SYNDICALES

La question de l'arbitrage me paraît suffisamment exposée bien que, sommairement, pour ne pas sortir du cadre restreint de cette modeste étude. Je vais maintenant aborder la question des juridictions syndicales qui doit se combiner avec l'arbitrage.

Nous avons vu que dans les affaires qui nécessitent des connaissances techniques et, en particulier, dans les affaires relatives au commerce des bois, les tribunaux de commerce renvoient, avant de juger, l'examen et l'instruction du dossier devant le Bureau de telle ou telle Chambre syndicale qui fait office d'arbitre rapporteur.

Mais comme nous l'avons dit plus haut, c'est là un moyen qui retarde la solution du litige et ne diminue pas les frais.

Il me semble bien plus naturel que les parties s'adressent directement aux juridictions syndicales et les fassent juges des différends qui surviennent entre négociants.

Le tribunal de commerce de la Seine préconisait la création de commissions arbitrales dans les syndicats et déplorait même le peu d'empressement des syndicats à accepter la mission d'arbitres. En effet, dans le discours d'installation des nouveaux juges en 1904, M. Sohier, président, s'exprimait ainsi :

« ... Enfin, le nombre des arbitrages renvoyés devant « les syndicats professionnels est inférieur à ce que nous « devons souhaiter.

« Qu'il nous soit permis ici d'en indiquer la raison.

« Dès que les affaires présentent un caractère conten- « tieux, ou lorsqu'il s'agit de comptes à régler, même les « plus simples, beaucoup de Chambres syndicales deman- « dent leur remplacement.

« Il nous semble, au contraire, qu'il leur serait facile de
« trouver, parmi leurs membres, des personnes pouvant
« traiter ces questions.

« Il leur suffirait, à notre avis, de créer une section spé-
« ciale, qui recevrait toutes ces affaires, et qui deviendrait,
« pour l'avenir, une excellente pépinière de futurs magis-
« trats consulaires.

« Nous désirons vivement voir entrer dans cette voie les
« syndicats professionnels, qui nous apporteront ainsi un
« concours plus complet et qui mériteront encore davan-
« tage les éloges et les remercîments que nous sommes
« néanmoins heureux de leur adresser. »

Mais le commerce des bois ne saurait être visé par cette
mercuriale. En effet, le commerce des bois sait que depuis
de longues années la Chambre syndicale des bois de sciage,
dont le président est le si éminent M. Poupinel, et la Com-
munauté des bois à œuvrer dont le très distingué président est M. A. Mathieu, ont constitué dans leur bureau
une commission arbitrale qui fait office d'arbitre rapporteur pour les affaires que lui renvoie le tribunal de commerce.

L'Union syndicale des marchands de bois de France sous
l'impulsion de son président, si actif et si estimé, M. Paul
Meurisse, a inséré dans ses statuts l'article suivant :

Article 16

Le Bureau est chargé de l'exécution des mesures arrêtées
dans les Assemblées générales, et représente l'Union dans
toutes circonstances. Il examine toutes les propositions ou
mémoires qui lui sont adressés et statue, après examen,
sur la suite à y donner. Il délibère, il décide sur la suite
à donner aux demandes d'appui moral et pécuniaire de
l'Union syndicale, qui lui sont soumises par les adhérents,
pour les soutenir dans leurs revendications vis-à-vis de
l'Etat, des administrations, des tiers, ou vis-à-vis d'un autre
membre du Syndicat. Il intervient, sur la demande des
parties, dans les contestations commerciales, pour les con-
cilier, s'il y a lieu. A défaut de conciliation, le Président

désigne les membres appelés à composer spécialement la Commission d'arbitrage.

Les parties signent un compromis en triple original contenant l'exposé du litige, le nom des trois arbitres, le lieu où se réuniront les arbitres et l'engagement de considérer la sentence à rendre comme souveraine, sans recours quelconque.

La désignation des trois arbitres a lieu sur une liste dressée par le Bureau et comprenant tout ou partie des membres du Bureau, mais en nombre pair de dix au moins. Les membres à désigner sont indiqués par le Président sur un roulement alphabétique, de sorte que, à chaque contestation, la composition de la Commission arbitrale se trouve modifiée.

La Commission arbitrale siégera au siège de l'Union ; elle pourra, en tout ou en partie, se déplacer pour vérification, constats ou autres renseignements. Dans ce cas, les frais de ces déplacements seront avancés par moitié par les deux parties.

L'Avocat-Conseil de l'Union est adjoint à la Commission arbitrale avec voix consultative seulement. Lorsque la Commission arbitrale le juge nécessaire, elle prend l'avis de l'Avocat-Conseil. L'Avocat-Conseil recevra une rémunération fixée par la Commission arbitrale pour chaque affaire. Le chiffre en sera supporté par chaque partie par moitié.

La Commission arbitrale entendra les parties et leur conseil, s'il y a lieu, en leurs explications, après convocation par lettre.

Les sentences et décisions seront rendues, au plus tard, dans un délai d'un mois, sauf prorogation par les parties dans le compromis. Une copie, certifiée de la sentence, sera remise à chaque partie. En aucun cas, la Commission arbitrale, après le prononcé de la sentence, ne pourra s'occuper de l'exécution de la sentence.

Article 17

Pour chaque contestation portée devant la Commission arbitrale, il est perçu un droit d'arbitrage minimum de

10 francs, outre les émoluments de l'Avocat-Conseil, fixés par le Bureau, s'il est consulté.

Tout récemment lors de l'Assemblée générale de la Fédération des syndicats du commerce des bois de France, M. Honoré Barbier, président de la Fédération, s'exprimait ainsi, en proposant la nomination de la commission d'arbitrage.

M. le Président. — Je propose la nomination d'une Commission d'arbitrage et de contentieux qui devra connaître :

1º Des différends qui lui seront soumis ;

2° De tous les procès et leurs suites, favorables ou défavorables, dont on voudra bien nous donner connaissance, et qui fera en quelque sorte la jurisprudence de notre commerce de bois.

La Commission de l'arbitrage est de premier ordre. Il est probable que nos syndicats y auront recours, que beaucoup d'entre nous inséreront dans leurs traités la clause de l'arbitrage par la Fédération.

Vous allez tout à l'heure nommer une Commission de contentieux et d'arbitrage dont le rôle sera considérable. De sa collaboration constante avec Mᵉ Coulet, nous attendons le plus grand profit.

Conformément à la demande de M. le président Honoré Barbier, l'Assemblée générale nomma une Commission d'arbitrage et de contentieux qui est ainsi composée :

Commission d'arbitrage et de contentieux.

MM. Pagès, président de l'Union syndicale des usines de carbonisation des bois de France, à Paris ;

Vagne, président du Syndicat de la Nièvre, à Decize (Nièvre) ;

Bénard, président du Syndicat de l'Yonne, à Joigny (Yonne) ;

Caron, président du Syndicat de Seine-et-Marne, à Bois-le-Roi (Seine-et-Marne) ;

Gouget, vice-président du Syndicat forestier du Morvan, à Lormes (Nièvre).

J'ai l'honneur d'être adjoint à titre permanent à cette Commission pour y remplir le but indiqué par l'article 16 des statuts qu'on a lu plus haut.

Mon rôle purement consultatif sera d'assister la Commission et de l'aider pour l'étude des questions juridiques d'intérêt général ou particulier.

Il peut se produire, en effet, qu'au cours d'un arbitrage soumis à la juridiction syndicale de la Commission de la Fédération le différend en litige soulève une question juridique pour laquelle l'avis d'un juriste soit nécessaire.

Ainsi tous les membres des syndicats faisant partie de la Fédération peuvent s'adresser à la Commission d'arbitrage qui a son siège, 11, rue Godot-de-Mauroi, aux bureaux du journal *Le Bois*, organe officiel de la Fédération, pour l'examen et la solution de toutes questions d'intérêt général ou particulier.

PROPOSITION DE LOI

Exposé des motifs en faveur de l'arbitrage et de la clause compromissoire.

Je crois intéressant de reproduire ici l'exposé des motifs et la proposition de loi, rédigée par l'ancien directeur du journal *Le Bois*, M. de la Richerie, qui a paru en 1902 dans le journal *Le Bois*.

L'arbitrage et les juridictions syndicales.

Plus de procès coûteux, plus de lenteurs, plus de chinoiseries judiciaires ! Tel est le cri que poussent les commerçants progressistes.

Ce cri m'a incité à rechercher les moyens pratiques, sinon d'éviter les contestations entre commerçants, entre acheteur et vendeur, du moins d'éviter les procès avec tout leur cortège d'hommes de loi, de procédures, de finesses juridiques, de ficelles — disons le mot — et de réaliser, pour le plaideur, une économie de temps et d'argent.

Je crois que le remède est dans l'*Arbitrage* et dans les *Juridictions syndicales.*

C'est l'examen des moyens propres à réaliser cette réforme, qui fera l'objet de cette étude.

La réforme, à mon avis, doit porter sur la réglementation de l'arbitrage et sur la modification de l'article 1006 du Code de procédure civile actuel qui exige, à peine de nullité, que le nom des arbitres et l'objet du litige soient insérés dans la convention des partis soumettant le jugement de la contestation à des arbitres.

La seconde de ces conditions ne pouvant être remplie qu'après la naissance de la contestation, il en résulte une impossibilité absolue, pour les contractants, de décider *valablement* le principe de l'arbitrage, au moment où ils contractent.

Si donc deux personnes font un contrat de vente et stipulent qu'en cas de contestation le litige sera jugé par des arbitres, cette convention est nulle, dans l'état actuel de la législation et de la jurisprudence, et bien que signée par les deux contractants, elle peut être reniée par l'un d'eux !

Et pourquoi ?

Parce que le nom des arbitres ne s'y trouve pas et que l'objet du litige qui n'était pas né au moment de la signature n'y est naturellement pas mentionné.

Donc, actuellement, pour qu'un arbitrage puisse avoir lieu, il faut que le consentement des parties soit acquis par une déclaration postérieure à la naissance du conflit qui les divise, et cela alors même qu'elles auraient inscrit, dans leur convention, le principe de l'arbitrage.

Dans l'état actuel des choses, l'arbitrage peut être rendu impossible par un plaideur de mauvaise foi qui invoque la nullité de l'obligation prise en contractant.

Sachant sa cause mauvaise, il préférera ergoter sur des chinoiseries juridiques, à travers l'interminable et inextricable *maquis de la procédure*. C'est une modification à l'article 1006 sur l'arbitrage du Code de procédure qu'il faut obtenir du législateur, si l'on veut rendre pratique et fréquent le fonctionnement des juridictions syndicales.

L'examen de la question comporte les points suivants :

1° Historique de l'arbitrage ; État actuel de la question.

2° L'arbitrage à l'Étranger.

3° Modifications à introduire ; Clause compromissoire ; Juridictions syndicales.

4° Réfutations des objections.

5° Proposition de loi.

I

Historique.

L'arbitrage est une juridiction que les parties qui ont entre elles une contestation soumettent à de simples particuliers pour trancher le différend.

Les personnes appelées à juger sont les *arbitres*, leur décision s'appelle *sentence arbitrale.*

L'institution de l'arbitrage remonte au xvie siècle ; cette juridiction est peu réglementée et peu pratiquée jusqu'à la Révolution car, d'essence trop démocratique, elle semblait empiéter sur le pouvoir royal de qui devait émaner toute autorité, toute justice ; en 1790, la loi du 24 août édicta :

« . . . .

« Que l'arbitrage était le moyen le plus raisonnable de terminer les « contestations entre citoyens et que le législateur devait favoriser « l'arbitrage. »

L'arbitrage fut réglementé et organisé ; il fut imposé même à certaines contestations: celles entre mari et femme, père et fils, frères, pupilles et tuteurs ; les communes et les particuliers, les héritiers et les légataires donataires, etc., devaient s'adresser à l'arbitrage pour la solution de leurs différends.

Mais les législateurs de l'Empire s'inspirant des vues autocratiques de Napoléon supprimèrent, en 1808, l'arbitrage forcé et rédigèrent l'article 1006 du Code de procédure qui, à ce moment, admettait encore l'arbitrage pour les contestations entre associés, et laissait dans l'article 332 du Code de commerce la faculté aux parties, en matière d'assurance maritime, de faire juger les contestations par des arbitres.

Plus tard, sous le second Empire, la réaction s'accentua et la loi du 17 juillet 1856 supprima l'arbitrage forcé en matière de Société, ne laissant subsister que l'arbitrage possible en matière d'assurance maritime, article 332 du Code de commerce.

Actuellement l'état de la question est celui-ci :

L'arbitrage ne peut avoir lieu que lorsque deux parties, sur le point d'engager une instance judiciaire devant un tribunal ordinaire, ou au cours de l'instance, se rapprochent pour soumettre le jugement du litige et des arbitres.

Les parties signent un acte appelé *compromis* contenant les noms des arbitres et l'objet du litige.

On comprend que, dans la plupart des cas, cette faculté d'arbitrage, si elle est désirée par l'un des plaideurs, est refusée par l'autre. Celui qui est pressé demande l'arbitrage, celui qui veut... *faire aller* son créancier, refuse l'arbitrage, préférant gagner du temps et escompter un succès problématique devant une des nombreuses juridictions où il traînera successivement son adversaire.

Je n'ai pas la prétention de supprimer les tribunaux et les cours d'appel ni de faire rétablir l'arbitrage forcé. Je crois que l'industrie et le commerce en général et surtout les groupements syndicaux, seraient heureux de voir établir l'arbitrage facultatif sur de nouvelles bases permettant de stipuler, dans les conventions, les marchés, les actes de vente, que toute contestation sera jugée par des arbitres.

II

L'arbitrage à l'étranger.

La validité et la force obligatoire de la clause ·compromissoire existent dans beaucoup de législations étrangères, mais c'est surtout en Angleterre et aux États-Unis que l'emploi de l'arbitrage, en matière commerciale, est très répandu et donne des résultats pratiques incontestables.

Les négociants de ces deux pays considèrent, à bon droit, que soumettre un litige commercial aux tribunaux, en passant par les mains des hommes de loi, c'est perdre du temps et de l'argent. Aussi, leur législation ne prohibant pas l'insertion de la clause compromissoire dans leurs contrats de vente, ces négociants en font une condition habituelle.

Voici la clause, telle qu'elle figure dans la plupart des contrats :

« En cas de contestation sur l'exécution d'une des clauses du présent contrat, le litige sera jugé par des arbitres choisis l'un par le vendeur, l'autre par l'acheteur, et le troisième par les deux arbitres. Leur décision sera définitive : les frais seront supportés par le perdant. »

C'est cette clause dont l'exécution, selon le droit français, n'est pas obligatoire, même pour les parties qui l'ont signée, que je voudrais voir rendre licite et obligatoire.

III

Modifications à introduire. Clause compromissoire. Juridiction syndicale.

A la fin de cette étude, je placerai le texte des articles nouveaux que je propose d'ajouter au Code de procédure.

Je me contenterai, à cette place, de dire que ce que je préconise, c'est qu'un commerçant puisse dire, quand il traite avec un acheteur, ou passe un traité avec un autre commerçant ou un non-commerçant :

Si nous avons une contestation entre nous, nous recourrons à un arbitrage. Cet engagement réciproque est une condition « sine quâ non » du contrat.

Les parties pourront convenir, à l'avance, du nom de deux arbitres ou d'un arbitre, ou d'un arbitre unique : le troisième arbitre, dans le premier cas, devant être nommé par les deux premiers.

Les parties pourront aussi convenir, par avance, de soumettre la contestation éventuelle à la juridiction syndicale de leur syndicat professionnel.

La juridiction syndicale dont je parle fonctionne, déjà, à l'*Union syndicale des Marchands de bois de France*, et à la *Fédération des Syndicats du Commerce des bois de France*.

Malheureusement, elle ne peut être mise à profit *que par l'accord des parties survenant après la naissance de la contestation.*

C'est insuffisant.

Il faudrait que la clause compromissoire renvoyant le jugement du litige à la juridiction syndicale pût être valablement stipulée, *d'avance, lors de la conclusion du contrat.*

Supposons que la modification de la loi étant obtenue, un contrat contienne la clause compromissoire renvoyant la solution d'un litige éventuel à une juridiction syndicale ou à des arbitres.

La partie la plus diligente ferait le nécessaire pour constituer l'arbitrage.

L'une des parties inviterait son adversaire à lui désigner son arbitre et désignerait le sien. Si l'adversaire refusait de nommer son arbitre, le Bureau du syndicat nommerait d'office les trois arbitres, et ceux-ci convoqueraient les parties, jugeraient contradictoirement ou par défaut, et leur sentence, déposée au greffe, aurait toute la valeur d'un jugement définitif.

Le différend pourrait être ainsi tranché en très peu de temps et à très peu de frais.

IV

Réfutation des objections.

Je prévois que mon projet n'ira pas sans soulever des objections, mais je crois que la réponse à faire à celles-ci est facile.

L'arbitrage rendu pratique et obligatoire lorsque la convention l'a .stipulé d'avance, va, me dira-t-on, léser toute la gent judiciaire qui vit des procès : avocats, avoués, agréés, huissiers, greffiers, etc., etc... L'enregistrement même souffrira de la diminution des procès !

J'estime que l'on doit, dans un état démocratique, lorsqu'on reconnaît qu'une mesure doit profiter au plus grand nombre, ne pas se laisser arrêter par la crainte du préjudice subi par quelques-uns.

Ce préjudice d'ailleurs sera minime, à mon avis, car en matière commerciale, la procédure est moins compliquée qu'au civil. Il sera même nul pour l'avoué qui n'intervient pas dans les affaires commerciales.

L'avocat ? mais si son intervention ne se produit pas à la barre, elle se produira au cours de l'arbitrage. Et le client, certain d'avance de ne payer aucuns frais de procédure et de se voir épargner les lenteurs de la justice, se montrera probablement plus large dans le chiffre des honoraires.

On dira aussi : mais il y a les tribunaux de commerce qui ont été créés pour juger les contestations commerciales.

Ah ! Parlons des tribunaux de commerce ! Ils sont bons, excellents, supérieurs, quand il s'agit simplement de condamner au paiement d'une traite, ou de prononcer une faillite, mais dès que la contestation soulève une question tant soit peu technique ou même simplement professionnelle, le tribunal de commerce renvoie la cause devant un *arbitre* ou des experts !

La belle avance ! Et, pour arriver à ce résultat, il a fallu force papier timbré, des remises de cause, dés plaidoiries, etc., etc.

Pourquoi, alors ne pas laisser les parties choisir elles-mêmes leurs arbitres, parmi les gens de leur métier ou de leur profession et cela sans procédures préliminaires ?

PROPOSITION DE LOI

Tendant à compléter les dispositions
du Code de procédure civile sur les arbitrages.

Article premier

L'article 1005 du Code de procédure civile est ainsi complété :

Les parties pourront convenir, à l'avance, dans tout acte de vente, traité, marché ou convention quelconque, que s'il survient une contestation relative à l'exécution il en sera référé à un arbitrage.

Les parties peuvent indiquer à l'avance la juridiction syndicale à laquelle elles entendent se soumettre.

Art. 2

L'article 1007 est ainsi complété : La partie la plus diligente fera connaître à son adversaire le nom de l'arbitre par elle choisi, et l'invitera à en choisir un. A défaut, par l'une des parties, de choisir son arbitre, le Président du tribunal de commerce en désignera un sur requête.

Les deux arbitres en choisiront un troisième. S'ils ne s'entendent pas pour ce choix, le Président du tribunal de commerce désignera le troisième arbitre.

Art. 3

Les parties et les arbitres seront dispensés de recourir aux procédures ordinaires. Toutes convocations et communications auront lieu par lettres recommandées.

Art. 4

Les sentences seront sans appel, à moins que les parties ne se mettent d'accord pour se réserver ce recours.

Art. 5

La sentence des arbitres devra être rendue dans le délai de trois mois, à partir du jour de la constitution du tribunal arbitral. En cas de nécessité, le délai pourra être prorogé par les arbitres, du consentement des parties.

Art. 6

Dans le cas où l'un des arbitres a été nommé par ordonnance du Président, si la partie au nom de laquelle il a été nommé ne se présente pas, ni personne pour elle dûment convoquée par lettre recommandée, notification de la sentence rendue par défaut lui sera faite et l'opposition sera recevable pendant un délai de huit jours francs.

Art. 7

Les arbitres décideront, selon les règles du droit, à moins que les parties, dans le procès-verbal de constitution du tribunal arbitral, ne les en dispensent expressément et ne leur donnent pouvoir de statuer comme compositeurs amiables.

Art. 8

Les articles 1008, 1011, 1012, 1013, 1014, 1015, 1016, 1020, 1021, 1023, 1024, 1025, 1026, 1027 et 1028 du Code de procédure sont et demeurent maintenus, en ce qu'ils n'ont rien de contraire aux dispositions de la présente loi.

P. DE LA RICHERIE.

Cette proposition de loi a été déposée à la Chambre des députés par M. Noël devenu depuis sénateur et elle est actuellement soumise à la Commission de réforme du Code de procédure civile. D'après nos renseignements cette commission est favorable à cette proposition.

Mais quand sera-t-elle votée ?

De longs mois s'écouleront encore avant que l'arbitrage par les juridictions syndicales ne soit passé dans la législature.

Mais ce n'est pas une raison pour ne pas essayer, dès à présent, en attendant le texte officiel de la loi nouvelle, de pratiquer ouvertement l'arbitrage, d'insérer la clause compromissoire dans les contrats et même au cas où les contrats et marches ne contiendraient pas la clause compromissoire, de s'entendre entre parties prêtes à en venir à un procès, pour soumettre le litige à la Commission arbitrale de la Fédération des Marchands de bois de France prise comme tribunal arbitral.

EN ATTENDANT LA LOI

**Possibilité du fonctionnement de l'arbitrage par les
Juridictions syndicales.**

Sous ce titre je vais examiner en droit et en fait les
moyens pratiques de permettre au commerce des bois de
recourir à la juridiction syndicale de la Commission arbitrale de la Fédération.

Supposons que deux négociants aient conclu un marché
contenant ou non la clause compromissoire, si un différend
vient à naître au sujet de l'exécution du contrat, ils peuvent signer un compromis soumettant le litige en premier
ou dernier ressort à la Commission de l'arbitrage de la
Fédération.

La Commission saisie du débat procédera selon les don-
nées de la proposition de loi sus-reproduite et jugera
le différend, elle rendra une sentence arbitrale qui aura la
même force qu'un jugement définitif et exécutoire si le
compromis stipule renonciation à tout recours.

Si les parties l'exécutent de suite, tout est fini. Si le
perdant refuse de l'exécuter, le gagnant reçoit copie officielle de la sentence arbitrale et il est libre de la faire
exécuter selon la loi comme un jugement ordinaire.

Mais nous pensons que les plaideurs accepteront toujours
le jugement de leurs pairs et préféreront une solution
rapide et économique même si elle ne leur donne pas la
satisfaction aussi complète qu'ils l'espéraient à un procès
coûteux et long.

MAYENNE, IMPRIMERIE CH. COLIN.

DU MÊME AUTEUR

Étude sur la Recherche de la Paternité. — 1 vol. Librairie Chevalier-Marescq, 20, rue Soufflot, Paris. — Prix. . . . . 2 fr. 50
(En collaboration avec A. Vaunois.)

Commentaire et Explication pratique de la Loi du 27-28 février 1880. — Relative à l'aliénation des valeurs appartenant aux mineurs, 2e édition, 1 brochure. — Librairie Chevalier-Marescq, 20, rue Soufflot, Paris. — Prix. . . . . 2 fr. 50

Réparations civiles et morales en cas d'Ordonnance de non-lieu et d'acquittement. — Librairie Chevalier-Marescq, 20, rue Soufflot, Paris. — Prix. . . 2 fr. 00

Commentaire et Explication pratique de la loi du 9 avril 1898. — 2e édition. — Librairie Chevalier Marescq, 20, rue Soufflot. — Prix. . . . . . . 2 fr. 00

Le commerce des bois du Nord et la Jurisprudence Française. — 2e édition. — Brochure. — En vente aux bureaux du Journal le « Bois », 11, rue Godot-de-Mauroi, Paris. — Prix. . . . . 2 fr. 00

Etude sur les subventions industrielles. — Brochure. — Prix. . . . . 1 fr.
En vente au Journal le « Bois », 11, rue Godot-de-Mauroi, Paris.

MAYENNE, IMPRIMERIE CH. COLIN